Georg Tallar

AF236234

Die Vampire
in der
Walachei und Siebenbürgen

Ein
Augenzeugenbericht aus dem
18. Jahrhundert

Georg Tallar

Die
Vampire
in der
Walachei und Siebenbürgen

Ein
Augenzeugenbericht aus dem
18. Jahrhundert

Impressum:
©2018 Nicolaus Equiamicus (Hg. u. Bearb.)
Herstellung und Verlag: BoD-Books on Demand, Norderstedt.
ISBN: 978-3-75285-798-6

Einleitung.

Eines der interessantesten Werke über den Vampirglauben im 18. Jahrhundert verfaßte ohne Zweifel der österreichische Militärarzt Georg Tallar.

Ein Jahr nach dem Gutachten Gerard van Swietens über die vermeintliche Vampirseuche in Hermersdorf/Mähren reichte Tallar 1756 seinen ausführlichen Bericht über den Glauben an wiederkehrende, die Lebenden schädigende Tote im österreichischen Siebenbürgen, dem Banat und der Walachei in Wien ein. Der handschriftliche Originalbericht wurde im Wiener Hofkammerarchiv eingelagert, wo er sich auch bis auf den heutigen Tag befindet.[1] Erst im Jahre 1784 wurde die Schrift Georg Tallars im Druck durch den Wiener Verleger Johann Georg Mößle der Öffentlichkeit zugänglich gemacht. Das Werk Tallars muß kulturhistorisch sehr hoch eingeschätzt werden. Im Gegensatz zu allen anderen zeitgenössischen Schreibern, mit Ausnahme der kurzen Berichte des kaiserlichen Verwalters Frombald aus dem Jahr 1725 über den

Vorfall des Peter Plogojovitz/Kisolova[1], der Militärärzte Glaser und Johann Flückinger über die Vampirseuche 1731/32 in Medvegya[2], und dem Bericht der Kapnicker Inspektoren zur dortigen Vampirseuche 1752/53 ist seine Schrift die einzige ausführliche Studie eines Augenzeugen und untersuchenden Kommissars der bei vermeintlichen Vampirvorfällen zugegen war. Auch ist dem Verleger Mößle, zu verdanken, daß uns noch einige Informationen über die Person des Verfassers bekannt sind, über den man sonst heute, außer dem, was er uns selbst in seiner Schrift über sich mitteilt, nichts mehr wüßte:

Georg Tallar wurde um das Jahr 1700 geboren, wo ist leider nicht bekannt. Er studierte Medizin in Mainz und Straßburg und schlug danach eine militärische Karriere bei der k. u. k. Armee als Feldarzt ein, wo er bei verschiedenen Regimentern in verschiedenen Feldzügen diente. Er blieb über 30 Jahre in der Armee und verbrachte seine Dienstzeit hauptsächlich in den damaligen türkischen Grenzgegenden der Habsburger Monarchie, wo er in dieser Zeit sowohl als Zeuge wie auch als untersuchender Arzt zu Vampirexhumierungen beordert wurde, wie im Jahre 1724

---

[1] Das heutige Kisiljevo/Serbien.
[2] Das heutige Medveda/Serbien.

als Arzt des Geyer'schen Regiments in Deva, Siebenbürgen, 1728 unter dem Regiment Vetterany in Oburscha/Walachei und 1753 unter dem Fürst Lobkowitz'schen Regiment in Klein-Dikvan, Sebell und Kallatsa, sowie 1755/56 im Banat.

Tallar verstand sich im Gegensatz zu den meisten seiner Kollegen auf die Landessprachen der Einwohner jener Landstriche und beherrschte Ungarisch und Walachisch so gut wie seine Muttersprache. Ebenso verstand er sich hervorragend auf die Lebensart Sitten und Gebräuche der Landeseinwohner, was seinen Umgang mit der Bevölkerung sehr vereinfachte und ihm so Türen geöffnet waren, die anderen verschlossen blieben. Seiner Meinung nach handelt es sich bei den siebenbürgischen Vampiren um eine Mischung aus Aberglaube, und einer fiebrigen Erkrankung mit tödlichen Folgen, die bei den Walachen aufgrund ihrer Lebensweise besonders in den Wintermonaten vorkam, und ihnen während dieser schweren Erkrankung die Imagination des Vampirs vorgaukelt. Ferner berichtet er von Heilerfolgen bei dieser Seuche, wenn die Landesbewohner sich von ihm behandeln ließen. Nach 1756 verliert sich seine Spur leider im

Dunkel der Geschichte; ein Todesdatum ist nicht bekannt.

Der Herausgeber.

Georg Tallar, Wundarzt.

Visum Repertum Anatomico-Chirurgicum,

oder

Gründlicher Bericht von den sogenannten

Blutsaugern, Vampiren,

oder in der walachischen Sprache Moroi, in der Walachei, Siebenbürgen, und Banat, den eine eigens dahin abgeordnete Untersuchungskommission der löblichen k. k. Administration im Jahre 1756 erstattet hat.

Vorbericht.

Eine unzeitige Auferstehung walachischer Körper vom Tode, und die geheime Blutaussaugung, die sie an den Gesunden verüben, und diese so zum Tode befördert haben, ist bisher nicht allein von allem walachischen und räzischen Landvolk, sondern auch von vielen vernünftigen Leuten anderer Völker gleich einem Evangelium geglaubt worden. Durch diesen Wahn, der sich bloß nur auf ein Vorurteil gründete, wurde das ganze Landvolk verführt, sobald es einen Mangel an seiner Gesundheit bemerkte, und wurde von einer solchen Furcht überfallen, die in einen besonderen Eigensinn, und dann in eine verstockte Verzweiflung ausartete, daß es sich um keine anderen Hilfsmittel bemühte, sondern seine ganze Zuversicht, und Rettung lediglich auf das Ausgraben der Toten setzte. Es mag nun das verwalteramtliche Verbot noch so streng abgefaßt, die Vorstellungen, die man dem Volk dagegen machte, noch so überzeugend sein; so half doch nichts, sondern sie begaben sich meistens alle zusammen zu den Gräbern derjenigen, die ihnen verdächtig waren, öffneten sie, schmissen die Toten heraus, hieben ihnen die Köpfe ab, schlugen ihnen Pfähle durch das Herz, oder legten Feuer an, und verbrannten sie.

Wenn man die geringen Kenntnisse betrachtet, die Sie in ihrer eigenen Religion haben, so ist es gar kein Wunder, daß sie fähig waren, zu einem solchen Ungeheuer herabzusinken. Von Jugend auf vertrauen sie auf das abergläubische Betrügen des Satans mehr, als auf die Kraft unseres Schöpfers. Jeder Wind weht sie wie ein Rohr hin und her. Wie leicht ist es demnach dem Feind der Wahrheit, dem Teufel, seine schlechte Wahrheit ohne Anstrengung und ohne Kunst nach Wohlgefallen an den Mann zu bringen; denn jeder Mensch kommt durch schlechtes Vertrauen zu Gott in die Stricke des Teufels so, wie eine Fliege in das Netz der Spinne.

Ihre geistlichen Lehrer und Seelsorger, deren Pflicht es ist, sie durch gute Lehren und Beispiele aufzuklären, sind selbst die unwissendsten Leute. Die wenigsten von ihnen können lesen und schreiben. Die Irr- und Aberglauben, mit denen ihr Verstand ganz umnebelt ist, teilen sie ihrer Gemeinde treulich mit, und machen, daß ein solcher Wirbelwind von einem Geschlecht zu dem anderen fortgepflanzt, und so tief einge-prägt werde, wie ein Feuermal der Frucht durch die Einbildungskraft der Mutter[3] Solchen schlechten Unterricht saugen die Jungen schon durch die Muttermilch ein, wachsen damit auf, werden darin alt und verhärtet. Selbst den aufgeklärten Nationen bürden sie dergleichen Märchen auf, und unterstützen es mit so hellglänzenden Umständen, daß man ihnen einigen Glauben kaum versagen könnte, wenn sich die Sache so verhielt.

So unwissend, unachtsam, kaltsinnig, und nachlässig ihre Seelsorger sind; so dumm und wankelmütig sind die Pfarrkinder. Alles was sonderbar ist, findet bei ihnen einen schnellen Eingang, und das Übernatürliche, es mag beschaffen sein, wie es will, verschlucken sie mit der größten Begierde. Eine einzige Durchreise eines Kalugers, oder griechisch-räzischen Ordenspopen durch Siebenbürgen, der die Nachricht von dieser geheimen Blutaussaugung gab, beweist diesen. Das ganze Landvolk wurde dadurch

---

[3] Man dachte sich in früherer Zeit, daß, wenn schwangere Frauen sich etwas fest einbildeten, so z. B. daß ihr Kind in irgendeiner Weise eine Behinderung hätte, das Kind diese Behinderung nach der Geburt tatsächlich zeigte und dies allein durch die Einbildungskraft der Mutter geschehen wäre, die auf das Ungeborene so einen geistigen Einfluß ausgeübt hat, das er sich an der Materie (dem Körper des Kindes) manifestierte.

auf einmal umgewendet, und in Furcht, und Schrecken versetzt.

1. Anmerkung.

Was es aber wohl für eine Beschaffenheit haben mag, daß nur die Walachen, die doch (allerdings nur im Fasten) so exemplarische Leute sind, von diesem Übel so oft hingerissen werden, wo doch die Soldaten, die mitten unter ihnen wohnen, von diesem Menschenfraß gar keine Anfechtung haben? Es ist kein einziges Beispiel vorhanden, daß nur einer von ihnen von den Vampiren angegriffen, geschweige getötet worden ist. Und wenn man die Sache recht betrachtet, so sind die Soldaten ja dort, wo es die Not erfordert, recht zum Blutdurst geneigt, zudem lehrt mich eine achtzehnjährige Erfahrung, daß eben die wenigsten davon zum Fasten und anderen guten Werken einen so außerordentlichen Eifer zeigen.

Oder:

Was haben die Deutschen, die sich vor, und nach dem Krieg hier haufenweise angesiedelt haben, für einen so kräftigen Schutz erhalten, daß sie von den Blutsaugern verschont geblieben sind? Keiner ist hiervon weder erkrankt, noch gestorben. Kein Toter von ihnen hat jemand einen Besuch abgestattet oder Lust gezeigt, einen Gesunden anzugreifen und zu verzehren, wo sie doch mitten unter den Walachen ihre Wohnsitze haben. Es muß eine wichtige Ursache sein, warum die Vampire nur nach dem Blut des walachischen Landvolkes dürsten, jenes aber der Soldaten und Deutschen unversucht lassen? Die Frage ist bedenkenswert, sie verdient eine Antwort, man wird mir aber eine Bedenkzeit erlauben.

2. Anmerkung.

Der Schaden, der dadurch unter den Walachen angerichtet wird, ist, wenn man auf die Bevölkerung hinsieht, und dabei das höchste Steueramt betrachtet, in jedem Bereich gleich beträchtlich. Denn alle Jahre werden einige hundert Steuerpflichtige auf einmal, bisweilen in einem Komitat[4] oder erbländischen Bezirk,[5] bald in Ungarn, bald in Siebenbürgen, im Banat, in Kroatien und Syrmien hingerafft, und zum großen Nachteil der Staatskasse abgerissen. Wenn nur die Leute selbst mit ihren eigenen Augen sehen wollten, daß ihre Kranken, ohne die

---

[4] Bezeichnung für einen ungarischen Verwaltungsbezirk.
[5] Deutschsprachige Verwaltungsbezirke der Habsburgermonarchie.

Toten zu beunruhigen nur mit wenigen Arzneien wieder zur vorigen Gesundheit gebracht werden; so würde dieses große Übel bald vertilgt und gänzlich ausgerottet sein. Da sie aber nur gewohnt sind, sich bei solchen Vorkommnissen bei ihren Popen Rat zu holen, diese hingegen in eben dem Wahn, und öfters in noch höherem Grade als ihre Pfarrkinder selbst stecken; so werden sie vielmehr in ihrer Einbildung gestärkt, und dann sind die überzeugendsten Beweise nicht geschickt genug, sie eines Besseren zu belehren. Die Furcht, die sie vor dem Tod haben, und das natürliche Verlangen zur Verlängerung ihres Lebens, machen, daß sie das Verbot, die Toten auszugraben, als das vermeintlich einzige Rettungsmittel, nicht achten, sondern viel mutiger werden, ihr Vorhaben, es koste, was es wolle, auszuführen.

Nun ist dieses das fünfte Mal, daß ich einer solchen Angelegenheit beigewohnt habe. Dreimal ist mir der Besuch und die Besorgung der Kranken, auch die Öffnung der Toten, mit Befehl aufgetragen worden; zweimal aber gab ich nur gelegentlich einen Zuschauer ab.

Das erste Mal im Jahre 1724 in Siebenbürgen, als ich zu Deva unter dem Geyerischen Regiment zu Fuß noch Kompaniearzt war. Das zweite mal

1728, als ich unweit Oburscha in der Walachei unter dem Vetteranischen Regiment auf Postierung stand. Das dritte Mal in drei Ortschaften in Banat. Das vierte und fünfte Mal wieder in Siebenbürgen unter Fürst Lobkowitz.

Hier sah ich beim Ausgraben zu, und betrachtete die Toten. Zwei von diesen verschriehensten Blutsaugern habe ich sehr wohl in ihrem Leben gekannt. Ich werde daher alles, was sich dabei zugetragen hat, gewissenhaft und treu zu Tage legen.

3. Anmerkung.

Der Anfang dazu sollte wohl billig die wahre Beschreibung dieser Krankheit machen; nur wenn nicht zuvor die Lebensart, die unter den Walachen herrscht, bekannt gemacht wird, so glaube ich, daß man die Sache nicht in ein so helles Licht zu setzen vermag, um sie aus dem Grund heraus beurteilen zu können. Ich werde also zum ersten ihr strenges Fasten, zu der sie aus Religionspflicht verbunden sind, beschreiben.

1. Die Jahreszeit, wenn dieses Übel um sich zu greifen pflegt, und

2. Die Walachen gewohnt sind, die Ausgrabung der Toten vorzunehmen anführen

3. Die Krankheit den Umständen gemäß auseinandersetzen

4. Ihre Lebensordnung nebst den Gebräuchen vorstellen, dann

5. Die Ursachen erörtern, wodurch es geschieht, daß einige von ihren Toten eine Zeitlang unter der Erde unverwest bleiben, andere hingegen der Vermoderung eher unterliegen, ungeachtet daß sie nacheinander an der besagten Krankheit gestorben sind und begraben werden. Aus den beschwerenden und erleichternden Umständen, die vorkommen werden, wird man ohne viel nachzudenken den Schluß fassen können, ob es eine natürliche Krankheit, oder (nach der walachischen Mundart) eine satanische Kunst zu halten sei.

1. Walachisches Fasten.

Ihr Kirchengebot fordert von ihnen, daß sie viermal im Jahr fasten. Diese Fastenzeit, obschon sie sehr streng vorgeschrieben ist, wird doch von Großen und Kleinen für so unverbrüchlich gehalten, daß sie lieber alles Ungemach erdulden wollen, als diese nur im mindesten zu übertreten. Selbst jene Übeltäter, die sich nicht scheuen, Leute um des Geldes willen totzuschlagen, mit glühenden Eisen zu brennen, Pferde und Ochsen stehlen etc. ja, ein Handwerk daraus machen (was hierzulande nichts Neues ist) würden die grausamsten Gewissensbisse leiden, wenn sie sich einer Sünde gegen das Fasten schuldig befinden würden.

Das Osterfasten besteht in sieben und einer „weißen" Woche, das ist, in welcher letzteren ihnen der Genuß von Eiern, Schmalz, Käse und Milch erlaubt ist.

Das St. Peterfasten zu zwei, drei und bisweilen auch vier Wochen.

Das St. Martenfasten von zwei und drei Wochen.

Die Weihnachts-Fastenzeit von fünf bis sechs Wochen.

Außerdem fasten sie noch durch das ganze Jahr wöchentlich zwei bis drei Tage.

In der Marten-, und Osterfastenzeit darf auch kein Fisch verspeist werden.

Die Krankheit, der die Walachen so häufig unterliegen, fängt allgemein in den zwei letzten Wochen der Weihnachtsfastenzeit an, nimmt gegen Ende dieser zu, und dauert nie (wie sie zu sagen pflegen) über den alten Georgstag[6]; denn einige Wochen vorher schleichen sie wieder aus ihren Winkeln heraus, und greifen zu Arbeit. Die freie Luft und die Bewegung, die sie sich geben, haben den Lauf dieses Übels gehemmt. Wenn aber bei der Sache ernst vorgegangen, und von ihnen einige Heilmittel benutzt worden sind, so war von dieser Krankheit nach zwei oder drei Wochen, längstens nach einer Monatsfrist nach Weihnachten keine Spur mehr übrig.

Falsche Meinung
von Ausgrabung der Toten.

Kein Tag in der Woche dürfte den Toten fürchterlicher sein als der Samstag; denn, weil sie sich nur an diesem in ihren Gräbern finden ließen, so wurden sie auch wie billig nur an diesem Tag gesucht, und wegen ihres unersättlichen Blutdurstes, dem sie die übrigen Tage der Woche frönten, gestraft. Wie falsch aber diese Meinung war, zeigten die Toten selbst, die man bei der vorgenommenen Untersuchung, sowohl im Anfang, als auch mitten in der Woche, und kurz an welchem Tag auch immer, ausgegraben hatte.

---

[6] 23. April.

Kein Grab, kein Sarg war leer. Sie lagen so, wie man sie hineingelegt hatte, unverrückt und unverändert.

Da uns der Oberknies, Dorfknies oder Richter, Geschworene und Älteste wegen der großen Gefahr zuerst zu den Kranken führten, so will ich auch damit den Anfang machen.

Erste Abteilung.

Sobald wir bei jenen Kranken, die von den Blutsaugern angegriffen sein sollten, angekommen sind, so fragten wir sie:

Wie lang sie bettlägerig wären?

- Antwort zwei bis drei Tage.

Was sie klagen?

- Das Herz täte ihnen weh.

Wo liegt denn das Herz?

- und sie zeigten auf die Gegend des Magens, und der Gedärme. Über diese Schmerzen im unrechten Herz klagte ein jeder.

Ob sie Schlaf hätten?

- Sie hätten wohl Schlaf, aber, sagten einige besonders zu Kallatsa, wenn sie einschlafen wollten; so sei gleich der Moroi (Blutsauger) da.

Wie sieht denn dieser aus, und wer ist er?

- Dieser verstorbene Mann, jenes verstorbene Weib.

Was macht denn dieser Moroi?

- Er stünde nur vor ihnen, oder in jenem Winkel.

Ob er auch jetzt, da wir mit ihnen reden, zugegen wäre?

- Nein. Und einige sagten, sie sähen die Moroi, wenn sie schlafen, bisweilen wenn sie wachen, und dergleichen Irreden mehr, wie jene, die mit Fieber behaftet sind. Die meisten Kranken aber versicherten, daß sie nichts sähen, besonders diejenigen, die besser bei Vernunft waren. Ein jeder sowohl von den Gesunden als den Kranken verlangte, man solle die Gräber öffnen und Moroi suchen, sonst müßten sie alle sterben.

Ungeachtet sie sich die Erfüllung dieses Wunsches auch gegen das schärfste Verbot, das ihnen vom Verwaltungsamt zugekommen ist, vor unserer Ankunft in allen drei Ortschaften eigenmächtig erlaubt hatten, und die Unzulänglichkeit dieses Mittels mit ihren eigenen Augen gesehen haben, so war dies doch nicht vermögend, sie von der Falschheit ihrer Meinung zu überzeugen. Denn sie verfügten sich zu den Begräbnisorten, warfen die Toten aus ihrer Ruhestätte heraus, behandelten sie nach der vorher beschriebenen Art, fingen das Blut auf, und salbten die Kranken damit. Aber sie starben darauf wie zuvor, vielmehr muß ich bekennen, daß die Anzahl der Toten mit jedem Tag wuchs.

Sogar ein Kind von vier Jahren zu Kallatsa hatte dabei das Unglück, für einen Blutsauger gehalten zu werden, weil dessen Mutter vorgab, daß sie in ihrer Schwangerschaft stets krank gewesen sei, und sterben müßte, folglich ihre Frucht nichts Gutes sein könne. Gleich ohne viele Umstände wurde es ausgegraben, aufgeschnitten, und mit dem aufgefangenen Blut die Kranken nach Genüge eingeschmiert. Aber der Tod nahm hierauf keine Rücksicht, sondern wütete vielmehr grausamer um sich.

Da ich gleich nach dieser Tat mit dem Oberknies und einem Beamten dahin kam, und es ihnen untersagte; so sagten sie mir ganz trotzig, daß noch mehrere von diesen begraben sein müßten. Man unterwarf sie einer strengen Untersuchung, und die Popen wollten kaum die Ausgrabung dieses Kindes bekennen, und obwohl sie geständig waren, daß das Kind vor dem Zaun des Kirchhofes verbrannt worden war; so suchten sie doch alle Mittel hervor, diese Begebenheit zu vertuschen und geheim zu halten. Ich zeige dieses hier nur deswegen an, damit man umso mehr überzeugt sein möge, wie wenig Mühe sich ihre geistlichen Seelsorger geben, das Volk aufzuklären. Nicht einmal, sondern öfters sagten mir die Richter ins Gesicht: „Das Ausgraben sei verboten oder nicht; ehe sie alle zusammen sterben sollten, würde sich doch der ganze Ort daran machen und Moroi ausgraben, sonst helfe vor diesem Sterben nichts."

Wenn ich die Stärke des Vorurteils, mit dem sie geboren und aufgewachsen, und zugleich die große Furcht vor den Moroi, von der sie eingenommen sind, betrachte, so ist einesteils nicht zu verwundern, daß sie so grausam mit ihren Toten verfahren. Sobald es Abend wird, ging keiner um etwas Großes mehr aus seiner Hütte, um nur keinem Blutsauger, der auf sie lauerte, in die Hände zu fallen. Man hat ihnen dazumal, als ich in dem Ort auf Verordnung stand, zur Nachtzeit zwei Pferde aus ihren Höfen gestohlen. Sie haben die Diebe dabei gehört, und sagten: „Das Leben wäre ihnen lieber als die Pferde."

Beschreibung der Krankheit.

Ein Schauer ist bei allen der Anfang dieser Krankheit, und der Reiz zum Brechen, meistenteils ohne Wirkung, ein treuer Gefährte. Diejenigen, die sich nicht umsonst bemühten, und viel von sich gaben, wurden vor unserer Ankunft gesund. Sie klagten über sehr empfindliche Schmerzen in ihrem vermeintlichen Herzen (Magen und Gedärmen), Schmerzen in den Nieren, im Oberteil des Rückens, um die Schulterblätter, ein Stechen auf der Brust, eine Handbreit um, und unter den Schlüsselbeinen bald auf einer, bald auf der anderen Seite, die meisten aber um die linke. Ein starkes Kopfweh, den größten Schmerz aber im Hinterteil des Kopfes, trübe, eitervolle Augen, schwaches Gehör, Furcht und Irreden; z. B. dieser oder jener Tote käme ihnen vor. Die Zunge ist anfangs weiß-gelb, ermüdet zu reden, den zweiten Tag braunrotausgetrocknet und wie Holz; sie haben unersättlichen Durst, einen sehr schnellen aber schwachen Puls, der sich aber bald ändert, und sprunghaft, schließlich klein wird, und der Tod darauf entweder gleich dieselbe Nacht, oder den folgenden Tag unfehlbar folgt. Nach dem Tode werden alle um die Weichen auf beiden Seiten des Halses und gegen einer Spanne[7] um, und unter den Schlüsselbeinen blau, in den übrigen Teilen des Körpers aber nicht so gelb wie andere Tote. Sie bleiben eine Zeit lang ganz beweglich, und erkalten erst nach sieben bis acht Stunden, wo sonst andere Kranke zum Teil schon vor, oder gleich nach dem Tod erkalten und steif werden.

4. Anmerkung.

Man hat bisher den Satan bei dieser Krankheit, eines so lang verborgenen Geheimnisses, ja sogar eines nicht zu ergründenden Meisterstücks beschuldigt; aber wenn ich nur den nächstbesten Wundarzt, der zwei oder drei Feldzüge mitgemacht hat, hierüber befrage, so würde er mir ohne sonderliches Bedenken antworten, daß ihm diese Art Fieber im Feld oder in den Quartieren gar nichts Neues sei. Damit wird man aber nicht

---

[7] D. s. ca. 22 cm.

zufrieden sein. Um also von den Ursachen, die diese Krankheit verursachen, eine bessere Kenntnis zu erlangen, halte ich es für nötig, daß ich mich in das Reich der Tiere verfüge, weil der Mensch daran, obschon mit einem Unterschied, doch einen großen Anteil hat.

Hier sehe und erfahre ich, daß ein Pferd, wenn es auch noch so stark und gesund ist, aber mit überschwemmten oder naß zusammengemähten und versäuerten Heu eine Zeitlang gefüttert wird, huste und dampfig werde.

Ein Rindvieh darf nur mit ungemäßem, an sumpfigen Orten gewachsenem Futter bedient werden; so wird man sehen, daß es mager und kraftlos wird, erkrankt und absteht.

Ja sogar das Schaf bekommt in der Leber lebendige schwarze Würmer, die man Egel nennt, und krepiert, wenn es an nassen und sumpfigen Orten geweidet worden ist.

Da nun ein so starker Körper wie der der unvernünftigen Tiere durch schädliches Futter und Trank erkranken muß, die doch mit so großen und starken Blutgefäßen, mit dickeren Nerven, so festen Flechsen und Sehnen von der Natur versorgt, und überhaupt gewohnt sind, nicht mehr als was ihnen notwendig ist, zu sich zu nehmen; wie steht es dann um das vernünftige aristotelische Tier, den Menschen, der im Genuß der Speise und des Trankes so oft das gehörige Maß verfehlt, ja bisweilen dasselbe hoch überschreitet, daß sein sehr zarter und kunstvoller Körper es kaum ertragen kann?

Wir werden also jetzt die gewöhnliche Kost dieses Volkes betrachten, mit der sie sich in der sonst so heilsamen Fastenzeit ernähren, und zugleich einen Blick auf die Wirkung werfen, die sie in ihren Körpern hervorbringt.

Nach dem sinnreichen Kommentar des größten der Naturkundler, Herrn van Swieten, wird man erkennen müssen, daß der übermäßige Genuß von Pflanzen einen fetten leimigen Schleim verursacht, und eben diese Pflanzen machen allein ihre tägliche Speise aus:

Rohe Zwiebeln, Knoblauch, Rettich, rohes Sauerkraut, bloß im Wasser gekocht, gesalzener Kürbis, auch etwas Gartengemüse, wie süßes Kraut oder Kohl, ohne Schmalz bereitet. Ihr Brot ist ein mit siedendheißem Wasser fest angemachter Teig aus türkischem Weizenmehl, zu dem sie fast täglich ungeschmalzte Bohnen zu speisen pflegen; woraus dann ein von sich selbst zäh werdender Schleim entsteht. Dann eine vergorene saure Kleienbrühe, Essig von Bier, Holzäpfel mit Wasser zu einer Suppe gekocht, und vom besagten Teig eingebrockt, woraus dann eine rohe Säure entstehen muß. Ferner eine ziemlich scharfe rohe Sauerkrautbrühe, ebenfalls mit oben erwähntem Teig eingebrockt, wovon eine muriatische[8] Säure entstehen wird. Wer die Mittel hat, der schafft sich keinen Wein, dafür aber Branntwein ins Haus, und der kleinste Schlucker trinkt einen Seidel auf einmal. Dieses ging bei solchen Speisen noch hin, aber sie steigen von einer Maß auf mehrere hinauf, und machen, daß nicht nur eine Zerstreuung, sondern auch eine Austrocknung der notwendigen Flüssigkeiten und Säfte im Körper, und dann eine Verminderung in den Verrichtungen der Seele oder Natur erfolgt. Diese seltsame Kost ist kleinen Kindern, erwachsenen Leuten, Schwangeren, Wöchnerinnen, alten und uralten Greisen durchaus in der Fastenzeit geläufig, und einige darunter haben nicht so viel Vermögen, sich diese Kost anzuschaffen, und leben noch weit schlechter.

So groß und tätig nun der Eifer ist, mit dem sie diese kirchliche Anordnung beachten; ebenso heiß ist die Begierde, sobald sie die Weihnacht erreicht haben, den Mangel den sie eben noch erlitten haben, durch den übermäßigen Genuß von Fleisch wieder zu ersetzen. Die gewöhnlichen Mahlzeiten, die bei anderen Völkern

---

[8] D. i. eine Salzsäure.

üblich sind, wären allzu weit voneinander entfernt, als daß sie sich deren bedienen sollten. Sie kochen also Tag und Nacht, verzehren ohne Maß das gebratene Schweinefleisch, welches das vornehmlichste Gericht ist, und ziehen sich dadurch das laugenhafte oder rohe ölige ebenfalls zu.

Ob nun bei oben beschriebener Krankheit das Säureelement mit dem der Lauge ohne Gärung beisammen stehen könne? Daran zweifele ich keinen Augenblick, da mir eine Vermischung des Vitriolgeistes mit dem Weinsteinsalz einen unleugbaren Beweis davon gibt. Obgleich das Laugenelement in den meisten Krankheiten von den berühmtesten Männern für den Steuermann gehalten wird, wie es auch wirklich mit dem Speichel erprobt werden kann; so will ich doch nichts entscheiden, sondern sowohl dieses, als auch die Meinung der Walachen: „Ob der Satan in dieser Krankheit den größten Einfluß habe?" den Herren Kritikern, zur Beurteilung überlassen.

Daß aber der Überfluß der allerbesten Speisen, und besonders des Trankes die meisten Krankheiten verursacht, ja als eine Grundlage dabei anzusehen ist, will ich gar nicht in Abrede stellen.

5. Anmerkung.

Ich erinnere mich eben jetzt der Frage, die ich im Vorbericht aufgeworfen habe, daß die Soldaten und Deutschen niemals von diesem Übel angegriffen werden. Ich beantworte sie, und sage, daß da keine andere Ursache vorhanden ist, als der Unterschied der Speisen, der zwischen ihrer und der walachischen Fastenzeit herrscht. Aber einem Zweifler wird dadurch keine vollkommene Genugtuung geschehen sein, und er dürfte vielleicht den Einwurf machen:

„Ein Soldat, der sein Brot verkauft, und sein Geld verspielt hat, muß genau so schlecht leben, bis wieder Hilfe kommt."

Der Deutsche, der sein Geld auf der Reise verzehrt, ehe er ins Land kommt, (deren es viele gibt,) ist dann gezwungen sein Brot in den Häusern zu erbetteln, und ein elendes unordentliches Leben zu führen.

Ich antworte, daß es wahr sei. Nur ist dieses Elend von keiner so langen Dauer, und sie sind nicht so hart eingeschränkt wie die Walachen, sondern gewinnen durch die Freiheit zu essen, so oft sie etwas haben.

Ich erinnere mich, daß mir niemals auch nur ein einziger von den Soldaten und Deutschen vorgekommen wäre, der aus Verlust von nahr-

haften Speisen den Nachtnebel[9] bekommen
hätte, wo ich doch auf unseren Märschen in vier
bis fünf Dörfern etliche hundert Walachen
beobachtete, die gegen der letzten Weihnachts-
und besonders der Osterfastenwochen nicht nur
vorher, sondern auch bei gegenwärtiger Untersuchung, Junge und Alte zur Verwunderung
damit behaftet waren. Das beste dabei ist, daß alle
ohne ein einziges Hilfsmittel, sobald sie nur zwei
bis drei Wochen Fleischspeisen genossen haben,
ganz von selbst wieder davon befreit wurden.

Es sind zwar jene Ordensgeistlichen, die sich
ihre ganze Lebenszeit hindurch des Fleisches
enthalten, vielen und unterschiedlichsten Unfäl-
len ausgesetzt. Sie können aber doch viel eher
bestehen, weil man ihnen nur solche Speisen
vorstellt, die mit Schmalz oder Öl gut zugerichtet
sind, und dabei Ruhe haben.

Jene hingegen haben ihre Nahrung mit der
Handarbeit zu suchen, entbehren Schmalz, Eier,
Milch, Käse und Fische, und haben besonders auf

---

[9] D. i. die Nyctolopie. Ein Augenleiden das man auch
unter der Bezeichnung „Tagblindheit" kennt. Der daran
Leidende kann kein Tageslicht ertragen, die Augen
Tränen und das Licht bereitet ihm große Schmerzen in
den Augen. Nachts hingegen sind die Schmerzen ver-
schwunden und der Kranke sieht erheblich besser und
klarer als bei Tage.

den Heidedörfern keine Baumfrüchte, kein Gartengemüse, kein Salz, sondern Stroh und Rohr zum Kochen, und oft Mangel an Öl.

6. Anmerkung.

Da ich gleich oben von einer Verminderung in den Verrichtungen der Seele berichtet habe, so dürften hierüber verschiedene Gedanken gemacht werden:

Wie denn eine Zerstreuung oder Vertrocknung der notwendigen Flüssigkeiten eine Gärung aus dem scharfen rohen sauren, und rohen laugenhaften, oder aus diesem allein, wenn es überhand genommen hat, im Stande ist, einen so weiten Weg zu der Vernunft oder Seele zu finden, sie anzutreffen, und in ihren Verrichtungen zu stören?

Ein Finger, wenn er reden könnte, würde statt mir die dazu Antwort geben. Denn von wem erhielt er den Befehl, daß er sich, wenn er unversehens ins Feuer gekommen ist, so geschwind, ja augenblicklich zurückzieht. Nicht wahr, von der Vernunft! Dieser Weg ist zwar den Naturkundigen sehr wohl bekannt, weil ich aber vermute, daß diese Wissenschaft anderen eben nicht unwillkommen sein wird, so werde ich versuchen, ihn durch die Anatomie zu erklären.

Nachdem durch die Vermischung des in dem Magen scharf gegeneinander streitenden Speisesaftes der Succus Gastricus, daß ist der zähe und der inneren Magenhaut fest aufklebende durchsichtige und leimfarbige Schleim, verschärft oder verbittert wird; so muß auch diese Tunica, oder nervöse Haut, sehr widerwillig, empfindlich, und das achte Nervenpaar, das sich in dieser Haut befindet, zusammengezogen, und das Übel nach dem so weit entlegenen Ort, woraus dieses Nervenpaar entspringt, nämlich nach dem verlängerten Mark des kleinen Hirns im Hinterteil des Kopfes, und den anderen davon abstammenden Nerven des Gesichts, Gehörs, der Zunge etc. durch ihre Mitempfindung gebracht werden, und daraus eine Leidenschaft entstehen, die der freiwilligen Bewegung entgegen ist. Die Sinne werden gleichsam benebelt, das Wahre flieht, falsche Sinnbilder stellen sich dafür ein, meistens jene, die sich vor der Krankheit unserem Gedächtnis zeigten, oder gelegentlich demselben eingeprägt werden, und kommen diesem so wirklich vor, als wenn man sie mit Augen sähe. Dieses ist also der Weg zu der Vernunft, oder der Seele.

Was aber der Speisensaft mit den Lebensgeistern unternimmt, wenn er aus dem Magen zu den Därmen, und dann als ein Milchsaft durch seine Wege in das Blut eingedrungen ist, soll in

der zweiten Abteilung an seinem Ort abge-
handelt werden.

Ich verfolge weiter
die Ursachen der Krankheit.

Obschon dieses Volk zur Sommerzeit auf gleiche
Art wie in der Fastenzeit zu leben pflegt, und
eben häufigen Krankheiten unterliegt; so ist es
doch viel besser dran als im Winter, weil sie
Baum- und Gartengewächse zur Abwechslung
haben, und die Arbeit, mit der sie sich beständig
beschäftigen, ihre starke Natur, ihr fester Körper, und die feine Luft Ursache sind, daß das
flüssig-schädliche durch den Schweiß fortgeführt
wird, das Zähe aber durch andere Wege sich
verliert. Gegen Weihnachten aber, wo sie keine
Arbeit haben, folglich müßig sind, außeror-
dentlich viel schlafen, und in sehr eingeheizten
Winkeln hocken, da fängt das Übel schon
allmählich an. Sie fühlen schon eine Zeitlang
vorher, ehe diese endemische Krankheit aus-
bricht, allerlei Beschwerden. Übelkeiten, eine
Erschlagenheit an allen Gliedern fühlend,
schleppen sie sich von einem Winkel zu dem
anderen herum, ja sogar jene, die ganz gesund
scheinen, sind so kraftlos, daß sie gegen Ende der
Fastenzeit zu keiner Arbeit zu gebrauchen sind,

und die meisten, wie ich oben berichtet habe, den Nachtnebel haben.

7. Anmerkung.

Mit besonderer Aufmerksamkeit beobachtete ich auch, daß, wenn unverhofft im Winter eine Mittagsluft weht, diese Krankheit den stärksten Ausbruch nimmt. Denn jene, die schon einen Mangel an ihrer Gesundheit fühlen und zur Krankheit geneigt sind, werden kurz darauf mit den bösartigsten Umständen überfallen und hingerissen. Im Sommer empfinden sie eine ausnehmende Schwermütigkeit und eine Last am ganzen Körper, die ihnen unerträglich scheint, besonders aber schnürt es ihnen die Brust so zusammen, daß sie sehr schwer atmen können. Die Rumänen müssen von dem Mittagswind noch viel mehr erleiden; sie wissen sich aber auch davor zu helfen.

Als ich zu Anfang April hier im Land auf Reisen war, blies auch eine solche scharfe Luft. Ein Augenleiden war die Folge davon, daß sehr viele Leute angegriffen, und es eine geraume Zeit gedauert hat. Ich selbst war nicht verschont geblieben.

Zu Ende Mai hatten wir abermals eine schäd-liche Luft und ein Maulweh mit kleinen Blattern auf der Zunge, Lippen und Zahnfleisch war weit und breit bei Jungen und Alten die allgemeine Klage.

Diese Mittagsluft ist zur Winterzeit nicht einmal, sondern öfters gekommen. Ich habe sie an einem Abend als ich von einem drei Meilen entlegenen Ort nach Hause gefahren bin, mit Schaden selbst erfahren. Sie strich verschieden, bald recht schön warm, bald kälter, bald wieder wärmer, und hatte dabei einen nicht zu entscheidenden wunderlichen Geruch. Der Knecht, ein Walache, klagte zuvor nichts, blieb aber den anderen Tag mit Kopf- undBrustschmerzen liegen. Mir geschah ein gleiches. Das Beste dabei war, daß sich dieses Übel schon am ersten Tag durch ein einziges Dampfbad beheben ließ.

8. Anmerkung.

Mir scheint, daß es notwendig sei, einige Einwürfe, die man mir wider diese Anmerkungen von dem Wind machen dürfte, zu erläutern. Man wird sagen:

- Erstens: Wenn die Luft eine Ursache zur Krankheit ist, warum wurden dann nicht alle bettlägerig, krank, und dem Tod zum Raub?

- Zweitens: Warum ist alsdann diese Krankheit in meinen Augen endemisch, wo sie doch so viele angreift, und epidemisch heißen sollte?

Ich antworte auf das erste: Die wirkende Ursache und Wurzel dieser Krankheit ist nach meiner Ansicht ein für allemal die ungereimte - und unseren Körpern gar nicht angemessene Speise, mit der sich die Walachen in ihrer Fastenzeit ernähren, der zur Winterzeit wehende Mittagswind aber nur eine zufällige Ursache.

Fürs zweite: Sind jene Krankheiten endemisch, die ansteckend sind, und in einem Land viele Menschen angreifen, wie der Skorbut bei den Seeleuten. Nun hat es bei der Krankheit, die nur die Walachen allein betrifft, die gleiche Bewandtnis, folglich ist sie mit Recht endemisch, denn:

Für epidemisch werden nur jene Krankheiten gehalten, die allgemein ansteckend sind, und in ganzen Ländern durchgehend regieren, wie die rote Ruhr, Fleckfieber, etc. was aber bei uns der Fall nicht ist, weil die Soldaten und Deutschen davon frei blieben.

Warum aber durch die oben angeführte Luft nicht alle und jeder bettlägerig, krank und dem Tode zum Raub werden, ist die Lage der Ortschaften schuld. Jene, deren Wohnhäuser auf eine Anhöhe gepflanzt sind, atmen eine freie Luft; die aber an niederen Orten oder in Tälern gelagert sind, genießen eine länger sich aushaltende Luft, und sind gezwungen, einen größeren Anteil an sich zu ziehen. Dieser Unterschied kann leicht wahrgenommen werden, wenn man den Wind bemerken wollte, der auf dem Wasser und dem Land herrscht. Jener ist viel stärker, weil er durch nichts in seinem Lauf aufgehalten wird, dieser aber viel schwächer, weil er hohe Bauten, Hügel und Berge gegen sich hat. Zudem wird ein ganzes Land davon auch nicht gleichmäßig überzogen. Er häuft seine Teilchen, die er mit sich führt, an manchen Orten mehr, an anderen weniger an, und bisweilen treibt er dieselben an verschiedenen Orten zu einer ziemlichen Menge, wie in einen Mittelpunkt zusammen.

Ich gebe denjenigen, denen die Unterscheidung der Luft etwas seltsam vorkommen möchte, einen angenehmen und widerwärtigen Geruch zur Wahl, und besonders eine stark riechende, und in einer Küche zugerichtete Speise zum Beweis. Werden nicht bisweilen deren Teilchen durch den Wind in einer Gasse etliche Häuser weit fortgetragen, und zu Zeiten in einer solchen Menge, daß man unterscheiden kann, was es für eine Speise ist, wo man doch abwärts nichts, oder sehr wenig davon bemerkt? Die Jäger erfahren sehr oft, daß ihr Jagd- oder Hühnerhund gegen den Wind viel eher, und sicherer sein Wild finde, als mit dem Wind. Die Adler werden von solchen Teilchen der Luft etliche Meilen weit zu ihrem Fraß gelockt. Hieraus erhellt sich genügsam, was ich von dem Unterschied zwischen der verdikkten, unreinen, ungesunden, und der reinen und gesunden Luft habe sagen wollen.

Wir selbst haben die traurige Wirkung davon gesehen, an dem Ort wo das vetteranische Kürassierregiment in der Walachei postiert stand. So zählten jene Kompanien, die in den Ebenen gelagert waren, bis zu 18, auch 25 bis 26 Tote; diejenigen, die aber ihre Quartiere an den Bergen hatten, verloren in gleicher Zeit nicht mehr als fünf bis sechs, höchstens sieben Männer. Wer wird also zweifeln, daß die matte, und durch schädliche Ausdünstungen verdickte Luft, wesentlich zur Erkrankung und dem Tod der ersten beigetragen habe?

Weil ich laut Vorbericht entschlossen war, etwas von den Sitten dieses Volkes zu berichten, die Umstände der Krankheit mich aber bis jetzt wie in einem Irrweg aufgehalten haben; so werde ich nun hier meinen Vorsatz ausführen.

9. Anmerkung.

Ein Volk, das in seinem Handel und Wandel, Viehzucht und Feldbau, besonders aber in der Führung ihrer Rechtshändel, und überhaupt in allen ihren Unternehmungen über die Maßen listig, und verschlagen ist, wie das Walachische, kann gewiß von Natur nicht einfältig sein. Wenn man es aber von seiner Wissenschaft beurteilen wollte, die auf die Erhaltung desselben zielen soll, so ist es eines der schwächsten unter allen europäischen Völkern. Mir scheint die Ursache diese zu sein, weil sie weder hohe, noch niedere Schulen haben. Eben daher ist es auch ein rechtes Wunderwerk, wenn unter ihnen ein gelehrter Mann angetroffen wird. Sie nehmen bis jetzt mit dem Rabisch[10] statt der Schrift vorlieb.

Wenn einer erkrankt, und sollte er noch so vermögend sein; so träumt es ihm nicht einmal ein Heilmittel zu nehmen, sondern er leidet Schmerzen, wie ein Tier viele Wochen durch, gleich als müßte es so sein, und überläßt sich ganz der Wirkung seiner Natur. Wenn ihm schließlich die Zeit gar zu lang werden will, so schickt er zuerst zu einer berühmten Segensprecherin.

---

[10] Der Rabisch war ein einfaches Stück Holz, daß dazu diente durch darin einzufügende Kerben, Schulden, Verdienst und Abrechnungen der Menschen zu verzeichnen.

Diese muß ihn segnen, und nach ihrer Sprache descintieren, das ist: Heißes Zinn ins Wasser gießen. Dies geschieht nicht nur bei den Bauern, sondern auch bei den Popen selbst, weil es einmal bei ihnen so überliefert ist.

Hieraus erhellt sich, daß sie mit unzähligen Aberglauben geboren, erzogen, alt werden, sterben, und auch nach dem Tod davon nicht frei sind. Da ich in der Untersuchung viele Gräber wahrnahm, die häufig mit zwei fingerlangen Holzstacheln besetzt waren, und sie um die Ursache fragte, so hieß es: Dies geschähe nur darum, damit keine Blutsauger zu demselben kommen, und sie zu dieser schädlichen Art verwandeln könnte. Was für Mühe, was für Arbeit mußten wir nicht im Anfang anwenden, um sie dahin zu bewegen, daß sie eine Arznei auch umsonst annahmen? Es brauchte zuweilen nur ein einziges Brechmittel, und die ganze Krankheit hob sich hinweg. Sobald sie aber sahen, daß ihre fast in den letzten Zügen liegenden Kranken dadurch so geschwind wieder gesund wurden, erkannten sie die Falschheit ihrer Meinung, kamen viele Meilen weit zu uns und baten um Arzneien.

Damit ich aber nicht einer Feindseligkeit gegen dieses Volk beschuldigt werden möge, dessen Aberglauben ich so vielfältig rüge, so will ich all die wunderlichen und falschen Meinungen, die es von seinen Krankheiten hat, und ich so, wie sie mir vorgekommen sind, in meinen Wochenberichten genau aufgeschrieben habe, noch einmal in einem kurzen Auszug bringen, und denjenigen, samt ihrer Kur vorlegen, die davon noch keine Kenntnis haben.

Schlecht begründete Meinungen der Walachen von ihren Krankheiten.

1. Sobald einige in einem Haus mit langwierigen Krankheiten behaftet sind, und mehrere Familien sich in demselben befinden; so glauben sie, daß sie von Unholden[11] bezaubert wären. Sie brechen also ihren Wohnsitz, besonders wenn er auf einer Anhöhe stand ab, und setzen ihn an einen niedrigeren Ort, damit jene in ihrer Fahrt[12] nicht etwa dort anstoßen, und dadurch vom Zorn gereizt, die Einwohner Schaden zufügen möchten. Sie pflanzen demnach zwei verfaulte Pferde- oder Ochsenköpfe als die einzigen Schreckbilder auf das Haus, und nennen diese unseligen Geschöpfe (wenn ja einige vorhanden sind) aus Furcht „die Schönen."

---

[11] Gemeint sind Hexen oder Zauberer.
[12] D. h. während dem Hexenflug.

2. Der fliegende Drache mit Namen Gmehu hat eine sehr große Gewalt über diejenigen, die im Fieber liegen, und stark phantasieren. Er tritt sie, und seine Gemeinschaft ist so vertraut, daß er einen Succubus und Incubus[13] mache. Die gleiche Gewalt maßt er sich auch bei denen mit der Fallsucht an. Die Popen können kaum mit vielen Bitten dahin gebracht werden, daß sie solchen Unglücklichen die heilige Wegzehrung reichen.

3. Saugen sie die Art Krankheit durch das Wasser ein, die ihnen von feindlich gesinnten Leuten aus magischer Kunst mittelst Zusammensetzung verschiedener Sachen zubereitet werden. Diese wird in das Wasser geworfen und unsichtbar. Sie trinken davon, und werden unglücklich. Dies soll also eine Art von Liebestrank sein.

4. Der Magen und die Gedärme, das ist ihr vermeintliches Herz, sei ihnen aus seinem Ort in den Leib hinab gefallen. Dies sind kolikartige Schmerzen, die sie sehr oft, und besonders zur Fastenzeit ausstehen müssen.

5. Sie hätten ein Lab[14] eingezauberter Sachen in sich. Solang dieses herumziehe, habe es nichts

---

[13] Böse Geister, Dämonen in weiblicher bzw. männlicher Gestalt. Im Volksglauben und der kirchlichen Lehre über Hexen vorkommende Geistwesen, mit denen der von ihnen heimgesuchte geschlechtlichen Verkehr habe.
[14] „Coagulum." D. i. ein gerinnen machendes Mittel.

zu bedeuten. Sobald es sich aber festsetze, müßten sie krumm und lahm werden. Bei ihnen sind es Hexenschüsse[15], bei uns aber nichts anderes als gewisse, aus dem Umlauf der Körpersäfte abgesonderte und in den Extremitäten zurückgelassene, leimhafte Körper. Sie werden daselbst der Fäulnis überlassen.

6. Sie hätten an der Lunge und Leber, besonders am Hals nicht nur unnötige, sondern auch schädliche Gewächse, die sie „Schui" nennen. Diese sind die gesunden, unschädlichen Tonsillae, oder Mandeln in dem Hals.

7. Letztlich werden sie von den Blutsaugern ausgesogen, und so ums Leben gebracht.

Walachische Kur dieser Krankheiten.

1. Den Anfang zur Kur in allen ihren Krankheiten, sie mögen bestehen, in was immer sie wollen, machen sie allezeit mit fünf bis sechsmal wiederholten Segenssprechungen. Hierzu werden die berühmtesten alten Weiber herbeigeholt: Erstens diejenigen, die im Ort wohnen, und wenn diese nichts ausrichten, so werden andere aus fremden Ortschaften herbei gerufen. Sie schmel-

---

[15] Und zwar in dem ursprünglichen Sinn, daß nämlich eine Hexe ihnen mittels eines Augenblicks einen schweren körperlichen Schaden zufüge.

zen ein Stück Zinn, und gießen es in eine mit Wasser gefüllte Schüssel. So viele kleine oder große Ecken dasselbe bekommt, so viele Krankheitsarten hat der Patient. Sie machen demnach eine Mischung von sehr viel Kindereien, und ungereimten Sachen, schmieren damit den Kranken ein, oder reichen es ihm zum verschlukken. Wenn das Übel von der gütigen Natur nicht selbst behoben wird, so kann man sich die Wirkung dieser Heilung leichteinbilden. Die Formeln, nach der sie ihre Segenssprechungen einrichten, lasse ich hier mit Absicht aus, weil sie lauter Einfältigkeiten sind, und jedes Weib sich bemüht, sie durch Zusätze noch kräftiger zu machen.

2. Schießen sie dicht über dem Kopf des Kranken eine zwar blind- aber sehr stark geladene Pistole ab.[16] Hilft es nicht, so wird diese Kur noch zwei- bis dreimal wiederholt. Die Folge davon ist, daß viele Kranke statt zu genesen in Krämpfe und heftiges Zittern verfallen.

3. Man gibt ihnen Honig mit Wein oder Branntwein zu trinken. Das erste wirkt bisweilen, aber meistenteils bleibt es wie zuvor.

4. Man legt den Kranken auf den Rücken in eine Molter oder einen Trog, je größer, je besser,

---

[16] D. h. ohne Kugel.

schmiert ihn mit Baumöl, und bindet seinen Unterleib recht stark hinauf. Ich habe im allgemeinen wegen der starken Ausdehnung mehr Schaden als Nutzen gesehen.

5. Reicht man ihnen Baumöl aus der Kirchenlampe zu trinken. Wo zuvor ein Erbrechen war, hat es wohl seine Wirkung getan, sonst blieb es beim Alten.

6. Legen die walachischen Operateure den Kranken auf den Rücken, mit den Füßen gegen die Sonne, und greifen mit einer von den Zigeunern nicht zu fein ausgearbeiteten Hacke nach den unschädlichen Mandeln, und schneiden diese mit einem scharfen Brotmesser, obwohl mit einer schrecklichen Blutung begleitet, dennoch geschickt heraus. Die Blutreichen finden eine Zeitlang aus Abgang des überflüssigen Blutes Hilfe, andere aber, die Mangel daran hatten, das Gegenteil. Später bekommen alle eine Heiserkeit, und Ausdörrung der Lunge, und sterben nach zwei, längstens drei Jahren. Bei einer starken Blutung, die sich bei dieser Handlungsweise meistens ergibt, nehmen sie ihre einzige Zuflucht zu einer recht scharfen Sauerkrautbrühe. Dieses Stück Arbeit kostet 17 Kreuzer.

7. Werden die Kranken mit dem vermeintlichen Blut der ausgegrabenen Blutsauger fleißig eingeschmiert, die Körper aber hierzulande,

wenn sie denselben die Köpfe ab- und den Leib aufgeschnitten haben, an einigen Orten wieder begraben, an anderen verbrannt. In der Walachei hingegen führt man sie auf einem Wagen zur Gemarkung des Dorfes, schlägt ihre Köpfe ab, steckt einen Stein in ihren Mund, schneidet die Leiber auf, brüht sie mit siedend heißem Wein aus, schlägt Pflöcke durch ihre Herzen, und überläßt sie den Vögeln oder Hunden zum Fraß.

Nachdem wir die Kranken gebührender maßen versorgt hatten, führten uns der Richter, die Geschworenen und das Volk auf dem Kirchhof, und weil alle um die Öffnung der Gräber so inständig baten, fragten wir sie, in was denn ihr Anliegen wider die Toten bestünde?

Sie antworteten,

1. Daß runde Löcher durch die Erde des Grabes in denen Blutsauger wären, in den Sarg gingen, durch die diese heraus kämen, damit sie den Gesunden das Blut aussaugen, und diese ums Leben bringen können.

2. Wenn ihr Sarg aufgemacht werde, quillt viel Blut aus ihrem Mund und Nase, auch zuweilen aus den Ohren, hervor.

3. Daß die Blutsauger bei ihrer Ausgrabung viel dicker und fetter gefunden werden, wie sie es waren als sie beerdigt wurden,.

4. Daß sie in der Erde eine schöne rote, und neue Haut bekommen haben.

5. Daß die Kranken wieder genesen, die mit dem aufgefangenen Blut eingeschmiert werden, das sie auffangen wenn den Blutsaugern die Köpfe ab-, und der Leib aufgeschnitten wird.

6. Wenn man einen kohlschwarzen ungelernten Hengst ohne Zeichen über das Grab eines Blutsaugers führen wollte, es gar nicht möglich sei einen solchen darüber zu bringen.

Zweite Abteilung.

Ich habe in der ersten Abteilung von der Krankheit, ihren Ursachen und Umständen gehandelt, wie nämlich dieselbe durch die Vermittlung der Nerven ihren Weg zu der Vernunft, oder den Geistern der Seele, nimmt, in ihren Verrichtungen behindert, benebelt, zerstört, und schließlich dahin bringt, daß die Seele ihren Wohnsitz, den Körper, mit dem sie durch die Kraft des Schöpfers so wunderbar verbunden ist, vorzeitig ganz dem Untergang und der Fäulnis überlassen muß.

Hier werde ich zeigen, aus welchen Teilen das Blut zusammengesetzt ist, wodurch größtenteils unsere Lebensgeister unterhalten und unterstützt werden; was es für einen Umlauf hat, und wie die Krankheit in der Lage ist, die Lebensgeister in ihren Verrichtungen zu hindern. Man erwarte aber nicht von mir, daß ich das Chaos der Ursachen, die sich in diesem Fall zeigen können, entwirren werde, sondern ich überlasse es jenem, der mehr Muße dazu hat, und begnüge mich nur mit dem, daß der Mensch, wenn er auch noch so ein ordentliches Leben führt, dem Tod nicht entgehen kann, weil es einmal bestimmt ist, daß er sterbe. Ich werde nur das verfolgen, was zur Erläuterung oben genannter sechs Punkte dienlich ist.

Erstens: Aus was das Blut bestehe.

Alles Blut in dem ganzen Tierreich besteht in drei Hauptteilen.

1. in „Viscos", das ist, klebrig, oder sulzig.

2. in „Seros", das ist, salzwässerig, oder wie eine Molke von der Milch.

3. „Terrestrisch", das ist, erdhaft, oder das rote Pulver, oder besser zu sagen: Die roten Kügelchen darin.

An den salzigen, und schwefeligen Teilchen, die sich ebenfalls darin finden lassen, gehe ich diesmal vorbei. Ein jedes der genannten Teilchen muß nach der Beschaffenheit des Körpers verhältnismäßig eingeteilt sein. Sobald es aus seinem Ort gebracht wird, oder erkaltet, oder sein Körper leblos wird, soll und muß es gleich einer gut gekochten Sülze bestehen, und wenn es auch von einem Fisch wäre. Fehlt ihm aber diese Eigenschaft; so verdient es den Namen eines wahren lebhaften Blutes nicht. Es leistet seinem Körper weder Hilfe noch Nutzen, sondern unterwirft ihn eher der Fäulnis und dem vollständigen Verderben.

Dieses ist nun die Eigenschaft des Blutes. Jetzt wollen wir sehen, wie durch dessen Verderbung die sich darin befindlichen Lebensgeister in ihren Verrichtungen aufgehalten, und die Zusammenfügung der Seele und der Lebensgeister getrennt werden, schließlich wie sowohl die eine, als auch die anderen ausrauchen, und das Ende des Lebens erfolgen müsse.

Wenn der „Chymus", oder die Vermischung der Speisen, durch den Genuß unverträglicher Speisen, und der darauf erfolgenden notwen-

digen Gärung in den Magen und Därmen bös-
artig wird, kann auch der Milchnahrungssaft,
„Chilus“, der aus dem Chymus entsteht, nicht
viel besser beschaffen sein. Betrachten wir den
Weg, den er danach durch die kleinen Röhrchen
„Tubulos“ nimmt, die wegen ihrer Feinheit
kaum mit den Augen gesehen werden können,
sodann durch das Krös mit Beihilfe der dortigen
Drüsen in die Sammelkästen „Cisternum“ gegen
die linke Niere eindringt, weiter in die Brust-
milchader „Ductum thoracicum“ übergeht, und,
nachdem er weiter den Zug durch die linke
Schlüsselblutader genommen hat, sich mit dem
Blut vermischt; so ist es ganz begreiflich, wie
eines das andere entzünden muß. Dieses ent-
zündete Blut also wird weiter durch Hilfe der
großen Hohlader in die rechte Herzkammer
gebracht, woraus es von der Lungenpulsader
gleich einer Pumpe in die Höhe geführt, durch
die Lungenblutader aber, wie in einem Rad in die
linke Herzkammer herabgeleitet, und dadurch
mittelst der großen Pulsader (soviel es die Fallen
erlauben) mit dem sonst notwendigen, im gegen-
wärtigen Fall auch schädlichen, und feurigen
vermischt, schließlich durch die Portader wieder
gesammelt, und, nachdem von der Leber die
Galle davon abgesondert worden ist, zurück nach

dem Herzen, als seinem Mittelpunkt, oder klei-
nem Weltmeer, hingeführt wird.

Ich habe hiermit den Weg gezeigt, der zum
Leben führt, und jetzt scheint es mir nötig zu
sein, daß ich mich zu den Gräbern begebe, um bei
Öffnung derselben alle Umstände genau zu
untersuchen die sich dabei äußern, und zu bes-
serer Aufklärung der Sache dienlich sind.

1. Punkt.

Die Gräber, die in meiner Gegenwart geöffnet
wurden, untersuchte ich sehr genau, und fand
über dem Sarg kein einziges Loch, sondern nur
einige kleine Höhlen unter demselben, besonders
in den Gräbern, die in einer harten trockenen,
scholligen, steinigen oder aufgefrorenen Erde
gemacht werden. Sie waren weder rund, noch
drei- oder viereckig, sondern hatten die Gestalt,
die ihnen die zufälligerweise aufeinander gefalle-
nen Steine, Schollen oder Letten gegeben haben.
Sie reichten nicht weiter als bis unter die Steine,
die sie erzeugt haben, es gingen auch keine bis an
den Sarg.

1. Anmerkung.

Ich hatte öfters mit meinen eigenen Augen zugesehen, wie die jungen Burschen, Knechte und Buben mit ihren armdicken Prügeln, die sie immer nach der alt hergebrachten walachischen Sitte als eine Wehr zum Schutz gegen die Hunde bei sich tragen, bei Begräbnissen, und auch sonst in das lockere Erdreich, soweit sie können, hineinbohren, und Löcher machen. Obwohl ich es hier nicht solchergestalt gefunden habe, so vermute ich doch, es dürfe diese Einbildung aus solchen Löchern entsprungen sein.

2. Punkt.

Der Sarg wurde genau auf allen Seiten besichtigt, und man fand ihn so unbeschädigt, wie sie ihn selbst gemacht haben. Wir schlugen den Sarg auf, und da sah man freilich bei den meisten Toten, daß eine schaumige, übelriechende schwarzbraune Jauche aus ihren Mäulern und Nasen bei dem einem mehr, bei dem anderen weniger gequollen ist; und was verursachte dies für eine Freude bei dem Volk? Alles schrie: „Das sind Blutsauger! Das sind Blutsauger!"

2. Anmerkung.

Ein Körper, wenn er vier, fünf oder höchstens sieben Tage krank gelegen, und dann gestorben ist, hat von seinem Blut wenig oder gar nichts verloren; vielmehr verursacht die Aufwallung desselben einen Überfluß. Wir verordneten auch bei jenen, wo es die Notwendigkeit erforderte, ein auch zwei Aderlässe, und die Gesundheit, die darauf folgte, gab Zeugnis, daß sie gut waren. Wenn also diese Kranken wegen Mangel an Blut, den sie wegen Aussaugung der Moroi erlitten haben, sterben mußten; hätte sie dieser unglückliche Fall wegen den wiederholten Aderlässen nicht eher treffen sollen? Sie wurden aber alle gesund und bewiesen die Richtigkeit dieses Vorgehens.

Es ist bekannt, daß das Blut im Leib eines Toten nicht verschwindet, sondern sich das meiste zu dem Herzen, als dem Mittelpunkt hinzieht.

Nun ist das Herz in seiner zusammenziehenden, und ausdehnenden Bewegung sehr geschwächt, und erlaubt den gleichsam krampfweise zusammengezogenen Fallen der Arterien kaum ein wenig mehr heraus zu spritzen, wie es der schwache Puls, der sich kaum, oder nur dann und wann wie ein matter Regenwurm sich fühlen läßt, genügsam beweist; folglich muß etwas davon in den großen Stämmen der Ader zurückbleiben, und dort gerinnen.

Wenn der erkaltete Körper wiederum in die Kälte, ja öfters in die gefrorene Erde gelegt wird, so bleibt er von der Luft, die ihn bald verändern würde unberührt. Die dumpfe Vermoderung schadet ihm nicht so schnell, und die Trockenheit des Holzes, und seiner Kleidung, die durch die anziehende Feuchtigkeit am ersten verwest, teilt demselben ebenfalls nichts mit. Da braucht man weder die salzigen, noch saliterischen Schichten der Erde als Ursache für die längere Erhaltung der Körper zum Überfluß hervor zu suchen, sondern er bleibt durch seine eigene, und die von der Erde ihm noch mehr zukommende Kälte eine geraume Zeit unverändert, so wie er hinein gelegt worden ist.

Warum aber ein Körper eher als der andere, obgleich sie miteinander begraben worden sind, der Vermoderung unterliege, werde ich an seinem Ort erklären.

3. Anmerkung.

Ist die Zeit einmal gekommen, daß der Bau des menschlichen Körpers aufgelöst werde, und zu Staub verfalle, woraus ihn die Güte des allmächtigen Schöpfers gebildet hat; so verursacht die

Galle, die sich in den Schlacken der Speisen befindet, nicht wie im Leben durch eine wurmähnliche, sondern eine sauerteigförmige Bewegung (wie ich es unten noch deutlicher ausführen werde) den Anfang zu seiner Zerstörung; treibt auf, und erwärmt gleichsam.

Das Blut, das in seiner Zusammensetzung nicht mit so hautähnlichen, und faserigen Teilen, wie das Fleisch versehen ist, wird am ersten davon angegriffen. So müssen sich die roten Erdkügelchen, die den erdhaften Teil ausmachen, wie wir oben gesehen haben, und die durch ein Vergrößerungsglas leicht zu erkennen sind, wohl in sechs oder auch acht Teile auflösen, oder zerteilen und ausdehnen, auch bei solcher Bewegung oder Vermehrung die eingeschlossene Luft ansaugen.

So unbekannt dieses anderen vorkommen möchte, so gewiß ist es doch. Denn nehme ich z.B. ein halb volles Glas von einem schlecht gekochten oder sparsam gemachten Sirup einiger saurer oder süßer Früchte, oder auch Gerste, binde es mit einer Blase fest zu und lasse es erwärmen; so werde ich sehen, daß das Glas bald voll, und die Blase in die Höhe getrieben werden wird. Durchsteche ich dieselbe, kommt nicht nur ein erkennbarer Wind heraus, sondern treibt auch etwas von der im Glas befindlichen Materie hindurch.

Gleiche Bewandtnis hat es mit dem Körper. Die Aufgärung, die in demselben geschieht, treibt das Fleisch, die Fette, und alles, was entgegen steht und nachgibt, auf, und verursacht, daß das aufgelöste und verdorbene Blut durch den Mund, die Nase, und die Ohren ausfließt, die nicht so fest wie die Haut verschlossen sind.

3. Punkt.

Auf solche Art geschah es auch, daß sich die Körper der angeblichen Moroi oder Blutsauger den Augen viel vollkommener darstellten, als wie sie begraben wurden. Obgleich man keine Züge von Verwesung äußerlich an ihnen wahrnehmen konnte, so überführten uns doch die Finger eines Besseren, indem man an ihnen keine feste, knochige Beschaffenheit, sondern ein schwammiges, und durch die innerliche Blähung aufgelaufenes Fleisch fühlte.

4. Anmerkung.

Ich habe gleich oben angemerkt, daß das Blut gerinnen müsse, wenn es aus seinem Ort gebracht wird, und daß ein gestocktes und wieder entlassenes Blut seinem Körper weder Hilfe noch Nutzen leisten könne, vielmehr denselben der Fäulnis und dem vollkommenen Verderben unterwirft. Ich machte schon in Siebenbürgen und der Walachei mit solchem Blut die Probe. Ich ließ es die ganze Nacht und mehrere weitere stehen. Es stund nicht mehr, sondern war einem Wasser gleich, das man über eine dunkelbraune Erde gegossen hatte mit einem beweglichen Satz. Man beliebe also zu urteilen, wie darin ein Leben oder eine lebendige Verrichtung von einem Körper voller Jauche, der abscheulich riecht, vermutet werden könnte?

5. Anmerkung.

Als ich zur Versorgung der Kranken und Öffnung der Toten, nämlich der Blutsauger, beordert wurde, ersuchte mich der damalige Kommandant des Schlosses Deva in Siebenbürgen, Herr Major Quirin von Fockerer, daß ich ihm einige Kräuter aus dem Magen mitbringen solle, mit denen nach der Meinung der Walachen die Blutsauger vom Satan gefüttert und erhalten werden; denn er glaubte Wunderdinge damit auszurichten zu können. Da ich ihm für empfangene Wohltaten viele Erkenntlichkeit schuldig war; so erfreute ich mich, daß ich Gelegenheit hatte, ihm meine Dankbarkeit damit bezeugen zu können. Ich ließ es mir sehr angelegen sein, und sparte keine Mühe, solche Kräuter in den Mägen der verschriehensten Blutsauger zu suchen. Meine Mühe war auch nicht vergebens, ich erhielt zwar die so sehnlich erwarteten Kräuter nicht, wohl aber viele mit Gewalt herausgebrochene, und bis zur Ohnmacht abscheulich riechende Winde.

4. Punkt.

Die menschliche Haut besteht in zwei, und nach Malphigius[17] in drei Hauptabteilungen, die erste in einem zarten, etwas durchsichtigen, dünnen, unempfindlichen Häutchen. Die zweite, die gleich darunter liegt, in einem meistenteils nur in der Handfläche, und Fußsohle erkennbaren netzförmigen Gewebe. Diese gehe vorbei. Die dritte in einer mehr als tuchartigen, sehr empfindlichen Haut, die gleich einem Überzug aus rotem Tuch über den ganzen Leib gelegt ist. Das

---

[17] Marcellus Malphigius (eigentl. Marcello Malpighi) *10. 3. 1628 — †30. 9. 1694. Astronom und Leibarzt von Papst Innozenz XII. veröffentlichte 1685 in Neapel das Buch „De externe tactus organo anatomica observatio." D. i.: „Über das äußere Gefühlsorgan." Ein seiner Zeit bahnbrechendes Buch über die menschliche Haut.

obere Häutchen, die *Epidermis*, macht sich durch die feuchte und dumpfe Erdvermoderung los, und löst sich gleich einem Spinnengewebe ab, und läßt sich zusammenschieben. Da erscheint dann die dicke, rote, vorige natürliche Haut, aber keine neue, wie es die Walachen haben wollen.

Wer einen Beweis darüber haben will, der hänge ein geschossenes Federwild einige Tage an einem feuchten Ort auf, und er wird sehen, daß sich diese Epidermis von der dicken Haut ablöst, ja an den Fingern kleben bleibt.

6. Anmerkung.

Sogar bei jenen, die an langwierigen Krankheiten gestorben sind, und schon eine Zeit lang begraben lagen, verschob sich die erste Haut, die dicke Unterhaut aber war nicht rot, sondern weißgelb. Wenn man sie auf die Brust drückte, floß auch aus ihrem Mund Blut heraus, aber bei weitem nicht so viel, als bei den anderen. Sie waren nicht alle verfault. Ich fragte die Umstehenden, ob diese nicht auch Blutsauger wären? Sie blieben mir aber die Antwort schuldig.

Die Ursache, warum die Haut bei diesem nicht rot, und kein Blut freiwillig, sondern nur mit starkem Drücken, und das kaum aus ihnen zu pressen war, ist der Verlust des notwendigen

Blutes und die verdorrten Säfte, die eine lange Krankheit verursacht haben. Jene hingegen, deren Tod eine kurze Krankheit vorausgegangen war, haben ihr ganzes, ja durch die Wallung überflüssiges Blut mit ins Grab gebracht.

5. Punkt.

Daß die Kranken, die mit einer solchen übelriechenden Jauche gesalbt worden waren, wieder ihre Gesundheit erhalten haben sollen, befindet sich sowohl in diesem, als meinen vorigen Beweisen falsch.

6. Punkt.

Ich bin bei der Probe, die man mit dem schwarzen ungelernten Hengst ohne Zeichen ablegen wollte, zuvor schon zweimal dabei gewesen. Er hat zwar anfänglich über die hochaufgeworfenen Gräber gestutzt, in denen einige verfaulte Körper, in anderen vor kurzen begrabene Blutsauger lagen, ging aber doch darüber. Die Ursache jener anfänglich gezeigten Unlust muß der Dunst von den Körpern und der Erdwall gewesen sein, der gewöhnlicher Weise die Gräber bedeckt. Ungeachtet wir mehr als genug Beweise hatten, daß diese geheime Blutsaugung eine reine Erfindung ist; so hätte ich damals mit noch einem solchen Hengst, wenn einer hätte hergeschafft werden können, einen neuen Versuch gemacht, um das Volk noch mehr zu überzeugen, wie falsch es dachte.

Jetzt ist noch übrig, die Ursachen anzuzeigen, warum ein Körper viel eher als der andere verfaule. Denn wir fanden nicht allein in dieser, sondern auch in den vorhergehenden Untersuchungen, daß einige Körper, die zu zwei, drei, sechs bis acht und mehrere miteinander erkrankt, gestorben, und nach zwei oder drei Monaten wieder ausgegraben worden sind, sehr stark, andere weniger von der Fäulnis angegriffen, einige aber äußerlich gar kein Zeichen davon hatten.

7. Anmerkung.

An denjenigen, die am meisten von der Verwesung angegriffen wurden, erkannte man wohl, daß sie mager, braun, und von der cholerischen Beschaffenheit waren; denen aber der Moder wenig oder fast gar nichts geschadet hat, waren vollkommene, am Fleisch und sonstigen Bau des Körpers sehr starke Leute, folglich unter der Gattung der Blutreichen. Die Ursachen sind folgende:

Warum ein
Choleriker viel eher verfaulen müsse?

Ein Mensch von dieser Körperbeschaffenheit, besonders derjenige, der an der schwarzen Galle leidet, hat bei aller seiner Magerkeit doch ein festes dichtes Fleisch. Man sollte glauben, daß die Natur sich vielmehr Mühe geben müßte einen solchen Körper zu zerstören, als einen anderen, dem diese Eigenschaften fehlen. Sie verläßt sich aber auf ihren starken Puls. Denn gleichwie ein solcher Mensch in seinen äußerlichen Verrichtungen sehr hurtig ist, ebenso schnell ist sie innerlich durch Hilfe ihres dünnen Blutes. Stellen sich ihrem Gang Hindernisse entgegen, fehlt es ihr nicht an Werkzeugen, nämlich der Galle, und den schwefligen gleichsam feurigen Teilchen, mit denen sie das Blut in der größten Geschwindigkeit herum treibt, und aus dem Weg räumt, was immer sich erdreistet, ihr entgegen zu stehen; das also, wessen sie sich in ihrem Leben zur Aushilfe bedient, gereicht ihr nach dem Tod zum Verderben, wenn Ziel und Maß überschritten wird, und dies ist der Fall eines solchen Körpers. Denn so, wie die Galle am Leben in den Zwölffingerdarm durch einen besonderen Gang unter dem Magen die Schlacken der Speisen färbt und verwest und auch den zum Überfluß kenntlichen

schwefligen Geruch gibt; ebenso verfährt sie
nach dem Tod mit dem Fleisch, wo ihre Teile
zurückgeblieben sind; und obschon sie nicht
mehr so feurig wirken kann, so hat sie doch noch
so viel Kraft, daß sie fähig ist das ganze Fleisch,
wie ein Stückchen Sauerteig einen großen Trog
voll Mehl, wenn es erwärmt wird, in die Versäu-
erung, Auftreibung, Entlassung und dann Ver-
faulung zu bringen.

Warum ein Blutreicher Sanguiniker
viel später von der Verwesung angegriffen werde.

Damit das Wort „Sanguineus" in seiner rechten
Bedeutung genommen, und nicht dafür „Ple-
thoricus" verstanden werde, so denke ich, daß es
nicht überflüssig erscheint, wenn ich den Unterschied hier erkläre:

Ein Sanguiniker (Blutreicher) ist derjenige, in
dem das Blut mit ausreichend Flüssigkeiten versehen ist, die dort herauskommen; die Säfte aber
das gebührende Maß und Gleichgewicht haben,
und ihr Amt, das auf Wachstum und Erhaltung
abzielen, gut und vollkommen verrichten.

Ein Plethoriker aber ist ein Vollblütiger.

Da die Beschaffenheit eines Blutreichen viel edler und über alle andere weit glückseliger ist, so hätte ihr freilich der Vorzug vor dem Choleriker gebührt. Weil man aber weiß, daß dieser in seinem Leben dem Ehrgeiz sehr ergeben, jener hingegen wegen seinem zwar dicken, doch viel lockereren durchlässigerem Fleisch und gelinderem Puls sanftmütig, fröhlich, ruhig und gleichgültig ist; so habe ich diese Ordnung beflissentlich so gemacht, um keinen Anlaß zu Rangstreitigkeiten zu geben, und die Zeit mit der Entwirrung derselben zu verderben.

Die Ursache also, warum ein Blutreicher ungeachtet seines saftigen und dicken Fleisches doch länger als der Choleriker mit seinem mageren und festen Fleisch von der Fäulnis verschont werde, ist bloß in dem Salz zu suchen, an dem jener einen größeren Anteil als dieser hat. Schon in der Empfängnis wird der Grund hierzu gelegt. Jener bekommt mehr salzige, dieser aber schweflige Teilchen, und diese erhöhen sich mit ihrem Wachstum. Es ist daher leicht zu erachten, daß gleichwie das äußere Salz ein Konservierungsmittel des Fleisches ist, ebenso muß das innere und angeborene Salz sein Fleisch vor der Verwesung schützen.

Probe.

In dem menschlichen Körper ist nicht nur ein einfaches, sondern auch ein doppeltes Salz verborgen, das fixe oder beständige, und das flüchtige. Ich zweifle nicht, daß jeder erfahrene Chemiker, das erstere sowie das letztere mit Leichtigkeit extrahieren kann. Wenn man ein Stück Fleisch verbrennt, die Asche davon auslaugt, filtriert, und dann ausrauchen läßt, so kann jedem der möchte, das fixe Salz ohne sonderbare Kunst hangreiflich dargereicht werden. Ein bereiteter Küchensalzgeist stellt das flüchtige vor.

Eine Milz von einem gesundem Tier, die doch wegen der Menge ihrer blutigen Teile der Fäulnis nicht sehr lange widerstehen kann, wird eine unglaubliche Zeit auch nur in einer Schachtel, sogar in einer gewissen Feuchtigkeit ohne Geruch und dem mindesten Zeichen einer Fäulnis erhalten, wenn man sie drei bis viermal mit dem Küchensalzgeist bestreicht.

Daß die viele oder wenige Galle in den Gedärmen der oben genannten das Ihrige zur schnellen oder langsamen Gärung beiträgt, bezweifle ich keinen Augenblick, da ich dessen durch zwei von dem Volk verschriehensten Blutsaugern, die mir in ihrem Leben sehr wohl bekannt waren, genügend überzeugt worden bin.

Der erste war der „Burkalap" oder Richter des Dorfes Oburscha in der Walachei unweit Badutill bei Vidin, in dessen Haus ich öfters bei Untersuchung des Badutiller Kommandos übernachtete. Er war ein sehr starker Wein- und Branntweintrinker, ein korpulenter Mann und ein Muster von einem Blutreichen.

Der zweite, ein Müller von Sebell, bei dem ich zweimal mahlen ließ, und dazumal eben vorbei fuhr, als er drei Tage an dem Entzündungsfieber darnieder lag, woran er auch gestorben ist. Ein Mann von 40 Jahren, korpulent, ein ausschweifender Branntweintrinker, und vollkommener Sanguiniker. Beide waren in dem Mund der Walachen die allergrößten Moroi, und wurden auch als solche nach der gewöhnlichen Art behandelt.

8. Anmerkung.

Bei allen den Kranken, die uns in gegenwärtiger Untersuchung, und mir besonders in Kallatsa vorgekommen sind, tat bei dem Anfang der Kur ein dem Umständen angemessenes Brechmittel die beste Wirkung. Die auflösenden Mittel halfen wenig, die schweißtreibenden noch weniger, die kühlenden gleichfalls. Alle Acidum saturantia[18], Calces hermeticae[19], besonders Krebsaugen schwächten die Hitze ab, brachten die Kranken aus der Gefahr, und in wenigen Tagen wieder zur Gesundheit. Bei denen aber das Übel schon überhandgenommen hatte, war alle Mühe vergebens.

9. Anmerkung.

Es ist zu bewundern, daß die hier ansässigen Räzen nicht leicht, sondern eher selten in diese Krankheit verfallen, weil sie doch die Fastenzeit eben so streng wie die Walachen einhalten. Der Grund dazu liegt in ihren Speisen. Denn so schlecht sie auch in sich selbst sind, so werden sie doch mit einer besseren Sorgfalt zubereitet, und mit dem roten türkischen Pfeffer so gewürzt, daß einer glaubt, der es nicht gewohnt ist, das Feuer brenne ihm aus dem Hals heraus. Sie essen ihn schon von der frühesten Jugend an, und besonders wird er in der Fastenzeit sehr häufig zum

---

[18] Heilmittel die die Säure des Magens binden und abführen.

[19] Besondere Heilmittel gegen diejenigen Krankheiten, die dem damaligen Verständnis nach, ihren Ursprung im „salzigen" oder „schwefligen" hatten und aus tierischen oder mineralischen Grundstoffen hergestellt wurden.

Brot gegessen. Dadurch wird also der oben erwähnten Succus Gastricus zu einer schnelleren Verdauung gereizt und dadurch bleiben sie von dieser Krankheit frei; hingegen sind sie aber der Krätze allgemein unterworfen, was ich dem übermäßigen Genuß dieses Pfeffers zuschreibe. Übrigens habe ich an ihnen eine ausnehmende Stärke in ihren Arbeiten, aber auch zugleich eine gewisse Dummheit bemerkt.

Wenn die Frage im Vorbericht über die unangefochtenen Soldaten und Deutschen nicht genug beantwortet wurde; so füge ich noch hinzu, daß die Soldaten und Deutschen durch den Glauben und verantwortungsvollen Unterricht ihrer Seelsorger schon von Jugend auf gegen die List des Satans und die Irr- und Aberglauben abgehärtet, und in dem heilsamen Kräutergarten der Erkenntnis fest gepflanzt wurden. Sie verlachen alle Märchen, unter was für einem Schein sie sich immer vorstellen, verlassen sich bloß auf die wundervolle Güte ihres Heilands und bleiben ungeschädigt.

Schluß.

Da ich sowohl Walachisch, als auch Ungarisch so
wie meine Muttersprache verstehe und rede, so
hatte ich bei der Untersuchung dieser Krankheit
keinen Dolmetschers nötig. Ich verrichtete alles,
was bei den Kranken und Toten zu verrichten
war, betrachtete, erwog und sah alles selbst. Ich
verließ mich auf niemanden, sondern hielt fest auf
das Sprichwort: „Was die Augen sehen, betrügt
das Herz nicht." Besonders war ich auf das sehr
aufmerksam, was nur den Schein eines Märchens
hatte.

Ein Mensch zu Klein-Dikvan, der ein leben-
diger Blutsauger sein, und schon zwei Jahre
weder Speise noch Trank zu sich genommen
haben wollte, erfuhr dieses. In einer zweistün-
digen Prüfung, die ich an ihm durchführte, und
noch einem seinesgleichen, der sich inzwischen
unsichtbar gemacht hat, überführte ich ihn
handfest seines Betrugs zur großen Verwunderung des dortigen Oberknies nebst seinem
Weib, und erwachsenen Sohn, Dorfknies, Geschworenen, Ältesten, und der ganzen Gemeinde
mit noch anderen Kniesen, die gegenwärtig, und
vorher noch unverrückbar dabei waren, die Wirk-
lichkeit dieses angeblichen Moroi mit einem
körperlichen Eid zu bekräftigen.

Ich muß schließlich noch bekennen, daß ich bei den Kranken und Toten keine einzige Spur weder von einer himmlischen, noch teuflischen Erscheinung, oder einer in der Natur der Sache begründeten künstlichen, zauberischen, oder übernatürlichen Wirkung gefunden habe. Ich begnüge mich also nur mit dem, daß ich hiermit die Früchte meiner Untersuchung mit dem edlen Bewußtsein erfüllter Pflichten denjenigen gehorsamst überreiche, denen es zu beurteilen zukommt, und zugleich die Gelegenheit habe, die Merkmale meiner Erkenntlichkeit für das hohe Vertrauen zu zeigen, mit dem mich eine löbliche kaiserlich-königliche Landesadministration beehrte.

Ende.

Zu dieser Ausgabe.

Der Text dieses Buches wurde in die klassische deutsche Rechtschreibung (1901 bis 1996) gesetzt, zum besseren Verständnis der heutigen Leser sprachlich geglättet und mit erläuternden Fußnoten versehen.